BEI GRIN MACHT SICH IHR WISSEN BEZAHLT

AF153370

- Wir veröffentlichen Ihre Hausarbeit, Bachelor- und Masterarbeit

- Ihr eigenes eBook und Buch - weltweit in allen wichtigen Shops

- Verdienen Sie an jedem Verkauf

Jetzt bei www.GRIN.com hochladen und kostenlos publizieren

GRIN

Bibliografische Information der Deutschen Nationalbibliothek:

Die Deutsche Bibliothek verzeichnet diese Publikation in der Deutschen National-bibliografie; detaillierte bibliografische Daten sind im Internet über http://dnb.d-nb.de/ abrufbar.

Impressum:

Copyright © 2015 GRIN Verlag
Druck und Bindung: Books on Demand GmbH, Norderstedt Germany
ISBN: 9783346112286

Dieses Buch bei GRIN:

https://www.grin.com/document/515103

Anonym

Konzeptionelle Unterschiede eines mittelhochdeutschen Tageliedes Heinrichs von Morungen und Wolframs von Eschenbach

"Owê, sol aber mir iemer mê" und "Sine klâwen durch die wolken sint geslagen"

GRIN Verlag

GRIN - Your knowledge has value

Der GRIN Verlag publiziert seit 1998 wissenschaftliche Arbeiten von Studenten, Hochschullehrern und anderen Akademikern als eBook und gedrucktes Buch. Die Verlagswebsite www.grin.com ist die ideale Plattform zur Veröffentlichung von Hausarbeiten, Abschlussarbeiten, wissenschaftlichen Aufsätzen, Dissertationen und Fachbüchern.

Besuchen Sie uns im Internet:

http://www.grin.com/

http://www.facebook.com/grincom

http://www.twitter.com/grin_com

Ruhr-Universität Bochum

Germanistisches Institut

Hauptseminar: Minnesang (Modul 1.3)

WiSe 2014/ 2015

Hausarbeit:

„Owê, sol aber mir iemer mê" und „Sine klâwen durch die wolken sint geslagen"

Konzeptionelle Unterschiede eines mhd. Tageliedes Heinrichs von Morungen und Wolframs von Eschenbach.

Inhaltsverzeichnis

1. Einleitung

Der Minnesang als höfisch-lyrische Kunstform wurde im Mittelalter einem Publikum von einem adelige Herren, gelegentlich einem Fürst selber und später auch kunstbewussten Berufsdichter als Lieder vorgetragen. Im Allgemeinen klagt darin das Sänger-Ich in artifizieller Form über seinen aussichtslosen Dienst und den moralischen wie gesellschaftlichen Wert seiner heimlichen Liebe und reflektiert diese. Minnesang erweist sich jedoch nicht nur in dieser Form als Faktor zeremonieller Herrscherdemonstration, als Bestandteil höfischer Gesellschaftlichkeit und als Medium adeliger Hofgesellschaft, die in der Rezeption dieser Dichtung zur Elite einer höfischen Gesellschaft wird.[1] Das *Tagelied*, welches als besondere Untergattung des Minnesangs angesehen wird, befasst sich thematisch zwar auch mit der heimlichen, jedoch zugleich mit der erfüllten Liebe zwischen Mann und Frau. Aus Zeitgenössischer Perspektive, befasst sich diese Literaturform damit zwangsläufig mit einer verheerenden Gefahr für Leben und Ansehen der Betroffenen innerhalb der Ideologie der Hohen Minne. Gleichzeitig propagiert das *Tagelied* aber auch deren Überlistung und nimmt damit Stellung gegen die Forderungen von Enthaltsamkeit und Triebverzicht, ohne aber die Werte und Normen der Gesellschaft, die auf solche Forderungen aufbaut, in Frage zu stellen oder zu gefährden.[2] Um anachronistischen Interpretationen zu vermeiden, ist für die Rezeption und Verständnis dieser lyrischen Kunstform ist aus heutigen Blickwinkel eine Vorstellung vom Begriff der „höfischen Liebe", welcher auf den französischen Romanisten Gaston Paris zurückgeht. Im Jahr 1883 prägte er in einem Aufsatz über *Lancelot* von Chrétien de Troyes folgende Merkmale als Kennzeichen der höfischen Liebe: Die höfische Liebe sei demnach eine ungesetzliche und illegitime Beziehung zwischen Mann und Frau, welche deshalb auf höchste Geheimhaltung angewiesen ist. Sie verwirkliche sich in besonderen Verhaltensweisen, die zumeist auf der Unterordnung des Mannes, der sich als Diener seiner Dame betrachte und die Wünsche seiner Herrin zu erfüllen sucht, rekurrieren. Die höfische Dame fordert das Bemühen des Mannes, besser und vollkommener zu werden, um sich ihr gegenüber dadurch als würdig zu erweisen. Höfische Liebe bezeichnet er demnach eine Kunst eine Wissenschaft und eine Tugend, welche eigenen Gesetzen folge, die die beiden Liebenden zwingend beherrschen müssen.[3]

Im Zuge dieser semantischen Grundlage, intendiert diese Hausarbeit in einer fundierte Gegenüberstellung der *Tagelieder Owê, sol aber mir iemer mê* Heinrichs von Morungen und „*Sine klâwen durch die wolken sint geslagen"* Wolframs von Eschenbach auf formal-struktureller, inhaltlicher und interpretatorischer Ebene, die Unterschiede und Besonderheiten der Ausgestaltung eines *Tageliedes* der beiden Autoren insbesondere unter dem Aspekt der Figurenkonstellation, der

---

1 Peters, Ursula: Minnesang als „poésie formelle". Zur Adaptation eines literaturwissenschaftlichen Paradigmas, in: Susanne Bürkle: Von der Sozialgeschichte zur Kulturwissenschaft. Aufsätze 1973- 2000. Tübingen/ Basel (u.a.) 2004, S. 59- 74, S. 73 f.

2 Ranawake, Silvia: Art. Tagelied, in: Reallexikon der deutschen Literaturgeschichte³ Bd. 3, Berlin/ New York 2003, S. 577- 580.

3 Bumke, Joachim: Höfische Kultur. Literatur und Gesellschaft im hohen Mittelalter, München¹¹ 2005, S. 503 ff.

Bildhaftigkeit und der Darstellung von Zeit aufzuzeigen. Die Formal-Analyse erfolgt auf Grund der begrenzten Seitenzahlen nur knapp. Zunächst geht diese Arbeit auf Grundlegendes im Minnesang ein. Im ersten Unterpunkt geht es sowohl um historische Ursprünge des Minnesangs im Konsens der heutigen Forschung, als auch um ein grundlegendes thematisches Verständnis der Bedeutung dieser Lyrikform. Im nächsten Unterpunkt geht es um die für Mediävisten essentielle Frage nach der allgemeinen Überlieferung der Texte in handschriftlicher Form. Die Überlieferungsgeschichte der in dieser Hausarbeit thematisierten Autoren erfolgt gesondert und präziser in einem späteren Arbeitsschritt. Anschließend schließt der theoretische Teil dieser Hausarbeit mit einer Erläuterung der gattungstheoretischen Hintergründe des Begriffs des *Tageliedes* und im Zuge der Fragestellung auch des *Tageliedwechsels* ab. Der Übergang von theoretischen Grundlagen hin zum analytischem Teil dieser Hausarbeit erfolgt insofern fließend, als dass im eben angesprochenen Teil bereits zwei Beispiele aus anderen *Tageliedern* Wolframs von Eschenbach und Heinrichs von Morungen zur Verdeutlichung einiger Sachverhalte herangezogen werden. In einem ausführlichen, analytischen Verfahren erfolgt dann die Bearbeitung der *Tagelieder „Owê, sol aber mir iemer mê"* und *„Sine klâwen durch die wolken sint geslagen"*. Die Reihenfolge der Lied-Analysen ist dabei keinesfalls mit Persönlichen Wertungen verbunden, sondern orientiert sich im Konsens der Forschung an literaturhistorisch-chronologischen Strömungen der Minnesangs-Untergattungen, die an späterer Stelle noch erläutert werden. Die Analyse beginnt jeweils zunächst durch eine prägnante Darstellung des Forschungsstandes über Autor und Überlieferung seiner Werke. Anschließend Erfolgt jeweils eine analytische Darstellung des formalen Aufbaus und des Inhaltes, wobei der Fokus klar auf die inhaltlichen Aspekte gerichtet ist. Im letzten Schritt erfolgt dann mit einigen Interpretationsansätzen der teils divergenten Thesen aus der Forschung die eigentliche Interpretation der *Tagelieder*. In einem letzten Schritt werden die Ergebnisse zusammengefasst und in Form eines Fazits gesichert. Die primär-literarische Grundlage dieser Hausarbeit bildet zu jedem Zeitpunkt, in dem aus einem *Tagelied* (mit Angabe von Strophe(n) und Vers(en)) zitiert wird, die in der folgenden Fußnote angegebene, aktuellste Auflage des Minnesangs Frühling, die der Lachmann-Zählung als Verständigungsgrundlage der Forschungsliteratur folgt.[4]

2. Minnesang

2.1 Thema, Tradition und Forschung

Minnesang als höfische Kunstform wurde bis ins spätere Mittelalter nahezu ausschließlich an Adelshöfen rezipiert und diente Zeitgenossen neben dem vergnüglichen bzw. unterhaltenden Zweck auch anderen Intentionen: Die Verfeinerung von Sitten und Gebräuchen, das höfisch-distanzierte

---

4   Moser, Hugo; Tervooren, Helmut: Des Minnesangs Frühling Bd. 1. Texte[38] erneut rev. Auflage, Stuttgart 1988.

zwischengeschlechtliche Miteinander und möglicherweise sogar das entdecken eines neuartigen Gefühls der Liebe finden in der lyrischen Kunstform des Minnesangs. Mit seiner höchst variantenreicher Themenvielfalt dient der Minnesang also im gleichen Maße der Selbstvergewisserung der kulturtragenden Gesellschaftsschicht, wie dem Aspekt der Unterhaltung.[5] Die Gegenwärtige Forschung wendet sich in Bezug auf Entstehungstheorien unterschiedliche Ansatzpunkte und Erklärungsmodellen zu. So suggeriert Schweikle, den Minnesang als Metapher zu betrachten, bei der dessen Entwicklung als Flusssystem anzusehen ist, welches aus mehreren Quellbereichen entspringt und sich durch vielfältige Zuflüsse zu einem breiten Strom ausweitet. Jene Metapher steht im Kontrast zu den Ansätzen der monokausalen Ursprungstheorien, die in früherer Forschung häufig praktiziert wurden. Neuere Diskurse befassen sich thematisch mit Dingen, bei denen das Realitätsproblem im Vordergrund steht: Der Minnesang wird - wie manch andere Gattung - als Nachzeichnung oder Widerspiegelung einer realhistorischen Veränderung der Geschlechterbeziehungen diskutiert.[6] Die überlieferten Minnesang-Texte rekurrieren dabei stets auf unterschiedliche Literatur-Traditionen: Mit der antiken griechischen und römischen Liebeslyrik, der arabischen und mittellateinischen Lyrik und insbesondere der nord- und südfranzösischen *Troubadour-* und *Trouvéredichtung* ergeben sich umfangreiche und ambivalente Vorlagen für den nach heutiger Forschung angenommen Ursprung des Minnesangs. Zusätzlich zu den genannten weltlich-lyrischen Vorlagen, zeigt die im späteren 12. Jahrhundert entwickelte *Marienlyrik* auf Grund von Parallelen in Wortwahl und Rhetorik dass einseitige Ursprungstheorien der Minnesangslyrik unrealistisch sind.[7] In der Begriffsdefinition des Lexikons des Mittelalters wird der Minnesang prägnant als die höfische Liebeslyrik des Mittelalters definiert.[8] Minnesang bezeichnet einen wesentlichen Typen deutschsprachiger Lyrik des Mittelalters, dessen Anfänge sich im letzten Drittel des 12. Jahrhunderts ausmachen lassen. Mit guten Gründen kann man dann gegen Ende des 13. Jahrhunderts eine Zäsur ausmachen: Stil, Formen und Themen verändern sich deutlich und die Periode von gut 120 Jahren Liebesdiskurs in lyrischer Form gehen in andere über. Minnesang ist eben nicht nur das Besingen einer Frau, also das Sprechen in einer Mann- Frau Relation, sondern umfasst auch das definitorische Umkreisen zentraler Begrifflichkeiten der Geschlechtskultur, wie etwa die Frage nach Idealen von Mann und Frau, definitorische Fragen nach Schönheit, Tugenden, Erotik und generellen Verhaltensweisen im Kontext der Gesellschaft.[9]

---

5 Bein, Thomas: Germanistische Mediävistik. Eine Einführung[2] (Grundlagen der Germanistik / 35), Berlin 2005, S. 140 ff. (Im Folgenden zitiert als: Bein: Einführung).
6 Schweikle, Günther: Minnesang (Sammlung Mezler / 244), Stuttgart[2] (u.a.) 1995, S. 73 - 78. (Im Folgenden zitiert als: Schweikle: Minnesang).
7 Bein: Einführung, S. 138 ff.
8 Mertens, Volker: Art. Minnesang (English title: Minnesang), in: Lexikon des Mittelalters 6 (1993), Sp. 647- 651 (Im Folgenden zitiert als: Mertens: Minnesang).
9 Bein: Einführung, S. 138 ff.

2.2. Handschriftliche Überlieferung

Der Minnesang erschien dem höfischen Rezipientenkreis, wie es der Bezeichnung dieses literarischen Themenkomplexes impliziert, in lebenspraktischer Hinsicht primär als Phänomen der Vortragskunst. Schweikle weist darauf hin, dass der Minnesang, auch wenn er vermutlich zunächst vom Autor selbst gesungen und vorgetragen wurde, getrennt von der Tradierung der Texte außerhalb des Vortrages zu betrachten ist. Die vorgetragenen Lieder müssen nämlich von Anfang an auf schriftlichen Aufzeichnungen des Autos basiert haben. Von Aufzeichnungen über die mündliche Tradierung des Minnesangs hat die Forschung ebenso wenig Kenntnis wie über einen Großteil der schriftlichen Überlieferungsgeschichte, da die Überlieferung zum Teil deutlich später einsetzt als die mutmaßliche Entstehung einzelner Strophen oder Lieder.[10] Bein weist darauf hin, dass zwischen Entstehung und der aus heutiger Perspektive noch greifbaren Verschriftlichung eines Textes über 100 Jahre liegen können. Die meisten Minnesang-Texte sind der Forschung in drei großen Sammelhandschriften überliefert: Die (kleine) Heidelberger Liederhandschrift A ist um 1270 im Elsaß entstanden und überliefert 35 namentlich genannte Autoren; in einem Anhang finden sich weitere 60 Strophen ohne Namen. Die Weingartner Liederhandschrift B entstammt dem 1. Viertel des 14. Jahrhunderts aus dem Bodenseeraum und überliefert Lyrik von 25 namentlich genannten Autoren. Die mit Abstand bedeutendste Lyrik-Sammelhandschrift ist die große Heidelberger Liederhandschrift C (auch Codex Manesse genannt). Die Aufzeichnung der Lyrik wurde etwa um 1300 begonnen und bis etwa 1330-1340 fortgesetzt. Insgesamt sind dort 140 Autoren vertreten. Neben diesen großen Sammlungen gibt es freilich auch kleinere und fragmentarische sowie solche, die auf einzelne Autoren konzentriert sind.[11]

2.3. *Tagelied* und *Tageliedwechsel*

Im Folgenden soll ein Verständnis für die Minnesangs-Untergattung *Tagelied* geschaffen werden. Da die Fragestellung dieser Hausarbeit sich jedoch - zumindest mit Heinrich von Morungen - nicht ausschließlich auf traditionelle *Tagelieder* bezieht, wird die Sonderform des *Tageliedwechsels* ebenfalls miteinbezogen. Christoph Cormeau verweist mit Blick auf die pragmatisch-systematischen Zusammenhänge der unterschiedlichen Liedtypen des Minnesangs darauf, dass die vorherrschende, meist als Klage getönte reflektierende Minnekanzone und das *Tagelied* ohnehin zusammen überliefert, von den gleichen Autoren verfasst und nach Kenntnis der heutigen Forschung auch zu gleicher Gelegenheit vor einem höfischen Publikum aufgeführt worden sind.[12] Das Lexikon des Mittelalters definiert das inhaltliche Kern-Handlungsspektrum des *Tageliedes* kurz

---

10 Schweikle: Minnesang, S. 24.
11 Bein: Einführung, S. 139.
12 Cormeau, Christoph. Zur Stellung des Tagelieds im Minnesang, in: Johannes Janota (Hg.): Festschrift Walter Haug/ Burghart Wachinger 2, Tübingen 1992, S. 695- 708, S. 696 (Im Folgenden zitiert als: Cormeau: Stellung des Tagelieds).

als Trennung eines (adligen) Liebespaares nach einer gemeinsam verbrachten Nacht.[13] Auch Schweikle sieht die Figurenkonstellation und Handlung zwischen zwei Liebenden und den Tagesanbruch als feste Strukturelemente des mittelhochdeutschen *Tageliedes*. Als Merkmal auf der struktuellen Ebene bestimmt er die Dreistrophigkeit des *Tageliedes* mit einem häufig am Ende auftretendem Refrain. Ferner weist er auf die Divergenz in der Fiktionalität der unterschiedlichen Tageszeiten hin. Während die sprachliche Ausgestaltung in der Nacht sehr positiv gehalten wird, wirkt der Tagesanbruch viel stärker realitätsorientiert.[14] Im Gegensatz zur Minnekanzone fehlt dem *Tagelied* das lyrische Ich, wodurch sich die Figurenkonstellation verändert: Die weibliche Figur, die bei der klassischen Minnekanzone eher eine passive Rolle einnimmt und durch das monologisierte Selbstgespräch des Mannes zumeist keinen oder nur einen sehr geringen Sprechanteil besitzt, rückt beim *Tagelied* nun mehr in den Vordergrund. Als erster Vertreter der eben beschriebenen Art des *Tageliedes* gilt Wolfram von Eschenbach: Gestalterisch und formal auf qualitativ höchstem Niveau steht das *Tagelied* nur bei Wolfram im Mittelpunkt der lyrischen Produktion. Er gestaltet bildmächtige Szenen des Tagesanbruchs und nutzt die Möglichkeiten der Wächterrolle als Beobachter der Liebenden aus gesellschaftlicher, aber nicht öffentlicher Sicht und konzentriert die Spannung aus Trennung und Begehren in einer letzten, unvergleichlichen Vereinigung der Liebenden.[15] In Wolframs *Den morgenblic* beginnt der Tagesanbruch auf figuraler Ebene zunächst bei der Dame, welche daraufhin zu klagen beginnt: „*ôwê tac!; Wilde und zam daz vrewet sich dîn; und siht dich gérn, wán ich eine. wie sol iz mir ergên!*" (Str. 1, V. 6 ff.) Das aufstrebende Tageslicht kontrastiert sich dem Rezipienten dadurch ins einen negative Gegenstück zur Nacht, in der das Beisammensein mit dem Geliebten in relativer Sicherheit noch gewährleistet ist. Das *Tagelied* nach Wolfram also reflektiert in besonderer Weise die erfüllte höfische Liebe, wobei die Leidthematik - inhaltlich anders gefüllt und gegenseitig - in der Trennung präsent bleibt. Auf der figuralen Ebene zeigt sich eine Trias zwischen den Figuren Wächter, Dame und Ritter. Die Figur des Wächters, dessen inhaltliche Funktion in den *Tageliedern* darin besteht, dass Liebespaar von außerhalb durch seinen Wächterruf zu wecken und damit zu warnen.[16] Das realitätsferne personale Dreiecksverhältnis ist ein unübersehbares Fiktionalitätssignal und schafft Raum zur besonderen lyrischen Ausgestaltung, während die Wächterrolle ein häufig genutztes Medium der Vermittlung zwischen Innen- und Außenperspektive des Liebespaares und dem höfischen Publikum.[17]

Das Wächterlose *Tagelied* von Heinrich von Morungen stellt jedoch nicht nur durch das nicht Vorhandensein der Wächterfigur und der für das *Tagelied* ungewöhnlichen Form (Kanzonenform) eine lyrische Sonderform dar. Um die höchst untypische Mach-Art und bemerkenswerte Qualität

---

13 Schiewer, Hans-Jochen: Art. Tagelied, in: Lexikon des Mittelalters 8 (1997), Sp. 427- 428 (Im Folgenden zitiert als: Schiewer: Tagelied).
14 Schweikle: Minnesang, S. 135- 139.
15 Schiewer: Tagelied, Sp. 427- 428.
16 Cormeau: Stellung des Tagelieds, S. 700- 703.
17 Schiewer: Tagelied, Sp. 427- 428.

der Lyrik Morungens nachvollziehen zu können muss ein generelles Verständnis von der Gattung des Wechsels vorhanden sein, da Morungens *Tagelieder* durchaus aus Synthese-Form der beiden Gattungen (*Tagelied* und *Wechsel*) verstanden werden können. In einem *Tagelied* bei Morungen vollzieht sich die Kommunikation gemäß der Lyrikform des Wechsel. Daher reden Mann und Frau abwechselnd, was aber wohl nur als Rollenspiel eines männlichen Vortragenden zu denken ist, da sie nicht zueinander sprechen. Es ist allein der Rezipient, der beide Reden vernimmt und über eben dieses Mehrwissen des Rezipienten konstituiert sich der spezifische Reiz dieses Liedtyps.[18] Schweikle beschreibt den Wechsel als Liedtypus, in dem eine Frauen- und eine Mannesklage kombiniert sind. Jeweils strophenweise, bekennen Mann und Frau im Wechsel ihre Sehnsucht und Liebesbereitschaft und beklagen die geringe Resonanz beim Gegenüber. Dabei führen sie allerdings keinen Dialog miteinander, sondern monologisieren jeweils übereinander. Er verweist auf die Besonderheit, dass die Verbindung mit der *Tagelied*-Thematik ausschließlich bei Heinrich von Morungen erfolgte.[19] Diese kommunikative Störung führt zwangsläufig dazu, dass die Protagonisten aneinander vorbei reden. In Heinrich von Morungens *Ich bin keiser âne krône* zeigt sich jene Konsequenz deutlich:

> *„Mirst daz herze worden swaere.*
>
> *seht, daz schaffet mir ein sende nôt.*
>
> *ich bin worden dem unmaere,*
>
> *der mir dicke sînen dienest bôt.*
>
> *Owê, war umbe tuot er daz?*
>
> *und wil er sichs erlouben niht,*
>
> *sô muoz ich im von schulden sîn gehaz."* (Str. 3, V.1- 7)

Der weiblichen Rolle ist der negative Gemütszustand anzusehen: Sie ist der Meinung, dass sie ihrem Angebetetem fremd und gleichgültig geworden sei. Im Gegensatz dazu hat er sie schon längst zur Herrin erkoren und schwört aufrichtig, ihr immer treu zu bleiben: *„dur die sô wil ich staete sin,: wan ich gesach nie wîp sô rehte guot"* (Str. 1, V. 5 f.). Besonders bei Heinrichs von Morungens *Wechseln* fällt auf, dass fast nur die Frau an der Liebe des Partners zweifelt. Häufig beklagt sie jenen Misstand, während er von seinen Gefühlen zu ihr spricht. Einzig bei Morungens *Tagelied* fällt auch er in ihren Klageruf ein – natürlich mit räumlicher Distanz – und ist sich nicht im Klaren darüber, ob er sie noch einmal sehen wird.[20] Bei der Bewertung der jeweiligen Männer- und Frauenrolle ist natürlich von Bedeutung, welche Funktion das Wechsel-Lied eigentlich verfolgt. Auf Grund des häufig sehr divergenten Interpretations-Potenzials kann jedoch nicht auf ausschließlich eine Funktion geschlossen werden, was sich anhand der folgenden Analyse zeigen wird.

---

18 Bein: Einführung, S. 142.
19 Schweikle: Minnesang, S. 131 f.
20 Cormeau: Stellung des Tagelieds, S. 702- 706.

3. Owê, sol aber mir iemer mê

3.1. Autor und Überlieferung

Heinrich von Morungen nannte sich vermutlich nach der Burg Morungen bei Sangershausen in Thüringen. Er wird mit einem Ministerialgeschlecht in Verbindung gebracht, welches seit 1226 in dieser Gegend urkundlich bezeugt ist. Es wird angenommen, dass seine Person mit dem urkundlich-historisch beglaubigten *Henricus de Morungen* identisch ist, welcher eben diesen Urkunden gemäß von der Forschung auf Anfang des 13. Jahrhunderts datiert werden. Heinrich von Morungen ist einer der bedeutendsten Repräsentanten des klassischen Minnesangs. Seine Lieder weisen nicht nur auf einen hohen und vielfältigen Bildungsstand hin, sondern lassen auch noch auf eine bemerkenswerte Vertrautheit mit der romanischen Lyrik schließen.[21] Er schöpfte ebenso aus seinem Wissen über antike Mythologie, wie aus der christlich-religiösen Vorstellungstradition und knüpfte Stiltechnisch an die Troubadourkunst wie an kirchliche Hymnen und Mariendichtungen an. Im Rahmen des Minnesangs zeichnen sich seine Lieder durch einen prägnanten Personalstil aus: Geläufige Minnesangs-Motive und Topoi werden in besonderer Weise eingesetzt und bildlich-visuell versinnlicht. So erscheinen verschiedenartige Vorstellungsbereiche metaphorisch verschmolzen und bisweilen mehr oder weniger gekonnt transzendiert. Sein zentrales Themenspektrum sind die starke Bindung des Sängers an die geliebte Herrin und die künstlerische Tätigkeit des Gesangs. Die gesellschaftsbezogene Funktion des Minnesangs als künstlerisches Medium zur Selbstreflexion wird besonders deutlich, indem der Sänger über die Wirkung von Schönheit, Bewusstloswerden, Schweigen, Leiden und dessen Kundgabe im Lied spricht.Die überlieferten lyrischen Sammelhandschriften enthalten von Heinrich von Morungen insgesamt 115 Strophen, die sich auf 35 Töne bzw. Lieder verteilen. Ein besonders charakteristisches Merkmal für seine Lyrik auf der strukturellen Ebene ist ein tiefgehendes Verständnis für strukturbezogene Formkunst und Klangsensibilität, die sich sowohl auf seine Vers- als auch auf seine Reimtechnik erstreckt. Die überlieferten Texte sind, im Gegensatz zu denen anderer Minnesänger, in ihrer Echtheit philologisch besonders authentisch und wenig umstritten. Die vielzähligen Versuche, eine chronologische Entstehungsreihenfolge der Lieder zu ermitteln, blieben fragwürdig und umstritten.[22] Literaturhistorisch ordnet man sein literarisches Schaffen neben Reinmar und Hartmann von Aue der dritten Phase des Minnesangs (1190 - 1210/ 1220), wobei sich Erscheinungsbild des Minnesangs aufspaltet: Jeder Dichter hat ein unverwechselbares Profil gemeinsam: Während Reinmar sich seinen Kernthemen wie Spiritualisierung, Ästhetisierung des Leids und die Betonung des Dienens in Form von Minnereflexion und Entsagungsminne zuwendet,

---

21 Kasten, Ingrid; Kuhn, Margherita (Hgg.): Deutsche Lyrik des frühen und hohen Mittelalters: Text und Kommentar (Deutscher Klassiker-Verlag im Taschenbuch / 6), Frankfurt am Main 2005, S. 747 f. (Im Folgenden zitiert als: Kasten: Lyrik).

22 Schulze, Ursula: Art. Heinrich, von Morungen, 13th cent., in: Lexikon des Mittelalters 4 (1989), Sp. 2101- 2102.

fokussiert sich Hartmann mit einer ethisierenden Betonung des Minnedienstes eher auf didaktischer Grundzüge. Im Zuge dieser Subsumierungs-Ansätze charakterisiert Heinrich von Morungen vor allem der Fokus auf die Sensualisierung: Er entwirft sein Verständnis von Minne als magisch-mythische Gewalt. Ebenfalls charakterisiert seine Lyrik eine starke Lichtmetaphorik und thematisch der Topos des Liebeskrieges. Als Gemeinsamkeiten des literarischen Schaffens aller drei genannten Autoren sind die virtuose Weiterentwicklung des Formenstatus und die Hohe-Minne-Ideologie zu nennen.[23]

3.2. Formal-Analyse

Das Lied hat in der Forschung wegen seiner geschlossenen künstlerischen Form und seines singulären Inhalts außergewöhnliche Beachtung gefunden. Insbesondere wurde immer wieder hervorgehoben, dass hier *Tagelied* und *Wechsel* zu einer Einheit verschmelzen seien. Es gliedert sich in vier Kanzonen-Strophen zu jeweils neun Versen. Der Anfang jeder Strophe beginnt dabei formelhaft gleich: Eine Eingangskehre (*Owê*) und ein Refrain (*dô tagte ez*) umrahmen eine siebenzeilige Stollenstrophe, die drei- oder vierhebig gelesen wird (abab, ccc). Vers 1 und 2 sind von einigen Interpreten zu einem Vers zusammengefasst worden; Mohr zieht Eingang und Refrain zu einem Dreitakter zusammen und spricht von einer Kreiskomposition.[24] Die Frage der Strophenfolge wird in der Forschung aber ohnehin kontrovers diskutiert, seit Kroes die Umstellung 1, 4, 3, 2 vorschlug.[25] Dieser Vorschlag rekurriert auf das inhaltliche Argument der Rollenkonstellation, wonach Frauen- und Männerrolle sind einerseits fein miteinander verwoben sind und sich andererseits vor allem auch über die Form voneinander absetzen: Die Gemeinsamkeit liegt zunächst in dem durch Eingangskehre und Refrain gebildeten Rahmen und der Schmerz der Trennung durchzieht leitmotivisch alle vier Strophen. Die Rollenkennzeichnung wird formal dadurch gestützt, dass in den Männerstrophen Auf- und Abgesang syntaktisch voneinander getrennt sind. Alle vier Strophen erscheinen als reine Monologe. Sie erfolgt (mit Ausnahme der ersten Strophe) im zweiten Vers, wobei die indirekte pronominale Kennzeichnung gewählt wird: „ir lîp vil wol geslaht?" (Str. 1, V. 5); „Sol aber er iemer me" (Str. 2, V. 2); „Si kuste âne zal" (Str. 3, V. 2); „Daz er sô dicke sich" (Str. 4, V. 2). Diese später erfolgte Einführung der Rolle in der ersten Strophe lässt sich möglicherweise durch die Scheinidentität vom Sänger und Rollen-Ich während des Vortrags erklären. Allerdings zeigen andere Beispiele, dass dies allein kein unabweisbares Indiz für die Männerrolle ist, insbesondere wenn die Strophe sonst keinerlei Rollenkennzeichnung besitzt.[26]

---

23 Schweikle: Minnesang, S. 86 f.
24 Kasten: Lyrik, S. 798 f.
25 Backes, Martina (Hg.): Tagelieder des deutschen Mittelalters: Mittelhochdeutsch, Neuhochdeutsch (Reclams Universal-Bibliothek / 8831), Stuttgart 1992, S. 240 (Im Folgenden zitiert als: Backes: Tagelieder).
26 Köhler, Jens: Der Wechsel. Textstruktur und Funktion einer mittelhochdeutschen Liedgattung, Heidelberg 1997, S. 174. (Im Folgenden zitiert als Köhler: Wechsel).

3.3. Inhalts-Analyse

Eines der profiliertesten Markenzeichen von Morungens Dichtung ist der zum Äußersten gesteigerte Preis der Minnedame. Kein anderer Minnesänger ist diesbezüglich auch nur annähernd mit Morungen vergleichbar: Bei ihm wird alles, was in der Rolle der *hohen Herrin* schon idealisiert ist, mit der Steigerung zum absoluten Höchstwert transzendiert.[27] So fragt der Mann zu Beginn der ersten Strophe klagend, ob er jemals künftig wieder in der Nacht den Schein des weißen, wohlgestalteten Körpers seiner Geliebten wiedersehen wird:

> *„Owê, -*
> *Sol aber mir iemer mê*
> *geliuhten dur die naht*
> *noch wîzer danne ein snê*
> *ir lîp vil wol geslaht?"* (Str. 1, V. 1-5)

Das visuelle Erlebnis als eines der markantesten Markenzeichen Morungens steht hier also als Ausgangspunkt für die Erfahrungen des Rollen-Ichs, da ihm das Leuchten des weißen Körpers als Glanz des Mondes erscheint. Die Funktionsweise der metaphorischen Betonung des Sichtbaren lässt für Bleumer deutlich am für ihn mehrfach paradoxen *Tageliedwechsel* bei Morungen anhand von Strophe 1 und 4 ermessen. Von der Hyperbel *„noch wîzer danne ein snê"* (Str. 1, V. 4) hängt seiner Ansicht nach die gesamte Wirkung des Textes ab. Das reine Weiß des Schnees lässt sich in seiner Sichtbarkeit nicht steigern. Eben darin kann die Sprache das Bild übertreffen: Wenn etwas noch weißer als die Farbe Weiß ist, verdichtet sich die paradoxe Visualität in seiner Intensität nicht durch das, was sichtbar ist, sondern durch die Emergenz des implizierten Bildes des Gesagten. Die Blendung des Liebenden beruht also auf einer nicht sichtbaren Erscheinung, die nur durch Sprache vermittelt werden kann.[28] Backes weißt darauf hin, dass es sich bei jener Metapher außerdem um einen häufig verwendeten Topos aus der *Marienlyrik* und der *Troubadourlyrik* handelt, welcher Reinheit und Unbeflecktheit ausdrucksstark als Bild projiziert.[29] Die darauf folgenden Verse zeigen (im Gegensatz der zeitlichen Unbestimmtheit der ersten fünf Verse) auf Grund des Präteritum-Verbs in Vers 6 deutlich, dass das nun folgende Geschehen als Vergangenheit erscheint. Es zeigt Hintergründe auf, vor dem die Äußerungen des Mannes zu verstehen sind: „Der trouc diu ougen mîn.; Ich wânde, ez solde sîn; des liehten mânen schîn.; Dô tagte ez." (Str. 1, V. 6-9). Jens Köhler sieht hier eine ambivalente Klassifizierung von Rollenmodellen, da sich die Werbungskanzone hier nicht nur so darstellt, dass die Klage des Mannes nicht nur die abweisende verehrte Dame, sondern

---

27 Heller, Christian: *Vil süeziu senftiu toeterinne.* Zum Minne- und Minnesangkonzept Heinrichs von Morungen (Regensburger Skripten zur Literaturwissenschaft ; 9), Regensburg 1998, S. 19 (Im Folgenden zitiert als: Heller: Minnesangkonzept).

28 Bleumer, Hartmut: Das Echo des Bildes. Narration und poetische Emergenz bei Heinrich von Morungen, in: ZfdPh 129 (2010), S. 321- 345, S. 331 f. (Im Folgenden zitiert als: Bleumer: Echo).

29 Backes: Tagelieder, S. 240.

die Trennung von der geliebten Partnerin betrifft. Er stellt als entscheidende Besonderheit an dieser Stelle des Liedes fest, dass die *Tagelied*-Situation und die Sprechergegenwart in diesem Lied nicht zusammenfallen, sondern dass die Situation in die Erinnerung des Mannes zurückverlegt ist.[30] Ehlert merkt zu dieser Strophe an, dass die von Morungen bevorzugte Licht-Metaphorik als Zeugnis für seine sinnlichen Affizierung anzusehen ist: Die Gleichsetzung der Dame mit Sonne oder Mond, die Erwähnung des Glanzes, der von der Dame ausgeht und für Morungens Bild für die Summe weiblicher Vollkommenheit zeugen von der zentralen Bedeutung der bildhaften Anschaulichkeit seiner Lieder und bewirken in der *Tagelied*-Situation eine Idealisierung der Frau.[31] Diese beginnt ihre Strophe mit der gleichen, klagenden Eingangskehre „*Owê, -*" (Str. 2, V. 1) und hinterfragt in einem kritischen Monolog die Anwesenheit ihres Geliebten über den Tagesanbruch hinaus: „*Sol aber er iemer mê; den morgen hie betagen?; als uns diu naht engê,*" (Str. 2, V. 2 ff.). In den darauf folgenden Versen formuliert sie diese Unsicherheit nochmals in Wunschform: „*daz wir niht durfen klagen:; „Owê, nu ist ez tac,";* als er mit klage pflac,; dô er jungest bî mir lac.*" (Str. 2, V. 5-8). Nach Köhler tritt in dieser Strophe, obwohl (wie in der vorangehenden Strophe das Präteritum als Bezugspunkt erkennbar ist und beide Monologe auf Hoffnungen in der Zukunft zielen) der zeitliche Aspekt mehr in den Vordergrund. Er sieht im Abgesang der Frauenstrophe zudem ein konkreteres Bild der *Tagelied*-Situation als in der vorangehenden Strophe, wie das klagende Zitat „*Owê, nu ist ez tac,*" (Str. 2, V. 6) aufzeigt.[32] Der Unterschied zur Männerrolle ist aber noch tiefgreifender. Während sich der Mann die *Tagelied*-Situation als visuelles Erlebnis vergegenwärtigt und die vergangene Liebesvereinigung verklärt, äußert sich die Frau weniger selbstbezogen. Es dominiert die Klage über das gemeinsame Leid der Liebe, was ebenfalls ein Zeichen für adaptierte *tagelied*-spezifische Rollenmodelle darstellt.[33] Die Strophe schließt mit dem ebenso wie die erste, mit dem Refrain „*Dô tagte ez*" (Str. 2, V. 9). In der dritten Strophe greift der Mann den konkreteren Ton der Frauenstrophe auf. Wie in der vorangehenden Frauenstrophe, spricht er unverhüllt von der vergangenen erotischen Situation: „*Owê, -; Si kuste âne zal; in dem slâfe mich.*" (Str. 3, V. 1 ff.). Im Mittelpunkt seiner Erinnerungen steht diesmal allerdings das Weinen der Frau, welche den bevorstehenden Abschied fürchtet bzw. erahnt. Er umschreibt dieses Weinen wie gewohnt in einer besonders bildträchtigen Art und Weise: „*Dô vielen hin ze tal; ir trehene nider sich.*" (Str. 3, V. 4 f.). Seine eigene Haltung wird dabei gegenüber der emotionalen Reaktion der Frau geradezu abgegrenzt. Er vermittelt in diesem Aspekt einen überlegenen Eindruck, weil er den Schmerz der Trennung zu überwinden und die Frau zu trösten vermag: „*Iedoch getrôste ich sie,; daz sî ir weinen lie; und mich al umbevie.*" (Str. 3, V. 6 ff.). Nach Köhler überlagert die Strophe im Abgesang die angedeutete erotische Situation insofern, als dass das gemeinsame Trennungsleid, welches sich

---

30 Köhler: Wechsel, S. 174.
31 Ehlert, Trude: Das klassische Minnelied: Heinrich von Morungen: *vil süeziu senftiu tœterinne*, in: Helmut Tervooren: Gedichte und Interpretationen. Mittelalter, Stuttgart 1993. S. 43- 55, S. 48.
32 Köhler: Wechsel, S. 175.
33 Schiewer: Tagelied, Sp. 427- 428.

noch in der Eingangskehre und dem Weinen der Frau zu erkennen ist, in Form der Klage in den Hintergrund gerückt wird.[34] Hier zeigt sich ein spezifisches Charakteristikum von Morungens Minnelieder, welche im Vergleich zu vielen anderen deutlich leidenschaftlicher, und ungestümer sind. Die Rollen reagieren bei Weitem emotionaler und maßloser als man es von anderen gewohnt ist. Morungen integrierte einige lyrische Innovationen in seine Werke. So rückte er bei seinen Verehrungen der höfischen Damen nicht nur mehr, wie vorher üblich gewesen, die weiblichen Tugenden wie das Gute, Reinheit und Schönheit in den Vordergrund, sondern er bringt auch erstmals die Persönlichkeit der Dame mit in seine Lieder ein, nachdem vorher ihre körperlichen Vorzüge detailliert besungen wurden.[35] Wie in den vorangehenden Strophen, schließt diese, mit dem Refrain „Dô tagte ez." (Str. 3, V. 9). Die vierte und letzte Strophe bildet für Köhler inhaltlich eine Art Gegenstück der Frau zum erinnerten Bild des Mannes aus der ersten Strophe. In beiden Fällen wird einerseits die körperliche Nacktheit subtil angedeutet und andererseits geht es um ein visuelles Seherlebnis. Die Erinnerung an den nackten Körper zeigt sich in der ersten Männerstrophe insofern, als dass sie in die für Morungen typische Lichtmetaphorik eingewebt ist, welche die erotisch-idealisierte Rückblende des Mannes widergibt. Dieses Vorstellung schildert die Frau in der vierten Strophe schließlich aus ihrer eigenen, differenzierten Perspektive:[36]

> „Owê, -
> Daz er sô dicke sich
> bî mir ersehen hât!
> Als er endahte mich,
> sô wolt er sunder wât
> Mîn arme schouwen blôz.
> ez was ein wunder grôz,
> daz in des nie verdrôz.
> Dô tagte ez." (Str. 4, V. 1-9)

Auch die beiden Frauenstrophen untereinander unterscheiden sich inhaltlich. Die zweite Strophe kann durchaus als ganzheitliche Klage angesehen werden, während die vierte Strophe durch die Verwunderung der Frau gezeichnet wird. Köhler interpretiert die Strophe damit als Annäherung an die zweite Männerstrophe, die das Zusammensein trotz des bevorstehenden Tagesanbruchs und der damit einhergehenden Trennung als positives Erlebnis darstellt. Frauen- und Männerrolle sind also seiner Ansicht nach gleichsam fein miteinander verwoben und andererseits voneinander abgesetzt: Die Gemeinsamkeit liegt zunächst in dem durch Eingangskehre und Refrain gebildeten Rahmen:

---

34 Köhler: Wechsel, S. 176.
35 Tervooren, Helmut (Bearb.): Heinrich von Morungen. Lieder. Mittelhochdeutsch und neuhochdeutsch, Stuttgart 1992.
36 Köhler: Wechsel, S. 175 f.

Der Schmerz der Trennung als gemeinsames Erlebnis durchzieht leitmotivisch alle vier Strophen. Die Erinnerung als das Erlebnis ist einerseits ähnlich, wenn man die Beschreibung der Geliebten aus der ersten Strophe mit der Verwunderung über den Geliebten in der vierten Strophe als Parallele ansieht, andererseits deutlich unterschieden. Die Rede der Frau ist zumeist auf den Mann hin orientiert, während sie selbst in den Hintergrund rückt. Der Mann spricht zwar auch von der Frau, wobei er sie aber wesentlich in Relation zu sich selbst sieht. Auch die Reaktion auf den durch den Tagesanbruch erzwungenen Abschied ist unterschiedlich gestaltet. Die Frau wünscht sich für die Zukunft eine Veränderung der Situation, der Mann hingegen sehnt sich nach einer Wiederholung.[37] Das eigentliche Geschehen ist also insgesamt in die Erinnerung der beiden Liebenden verlegt, die nach der Trennung in abwechselnden Monologen der gemeinsam verbrachten Nacht nachtrauern. Morungen verzichtet damit auf die für das Tagelied typische epische Schilderung äußerer Vorgänge und rückt stattdessen die Darstellung des inneren Erlebens der beiden Liebenden in den Vordergrund.[38]

3.4. Interpretation

Morungen kombiniert in diesem Lied Elemente der Gattung des *Tageliedes* und des *Wechsels*, sodass man in der Forschung von einem *Tageliedwechsel* spricht. Während das *Tagelied* von der Situation des Abschieds zweier Liebender ausgeht, deren Trennung als gegenwärtig vorgestellt und unmittelbar zur Anschauung gebracht wird, ist dem Verhältnis von Mann und Frau im Wechsel eine Distanz eingeschrieben. Indem Morungen eine *Tagelied*-Situation durch die Form eines Wechsels perspektiviert, rückt in einer für das *Tagelied* ungewohnten Weise die Distanz zwischen den Liebenden in den Vordergrund, wird sie zur Voraussetzung für die Artikulation von Nähe und Intimität. Damit schließt Morungen die Gattung des *Tageliedes* in gewisser Hinsicht an den Diskurs über die *Hohe Minne* an.[39] Die Übereinstimmung der Partner in ihrer Liebe zueinander, wie differenziert und rollenspezifisch sie auch dargestellt ist, bildet nach Köhler das Hauptanliegen des Autors. Dies zeigt sich nicht zuletzt schon in der Form wegen der Strophen-Anaphern und des Refrains. Morungen greift zwar bewusst die Motive des *Tageliedes* auf, er stellt sie jedoch in den Kontext einer anderen Gattung. Die Aufhebung der zeitlichen Relationen durch die statistische Monologform und die von den Rollensprechern jeweils nachträglich in der Einsamkeit geäußerte Liebe zielt auf eine besondere Hervorhebung der affektiven Textfunktion: Das Lied will das Publikum stark emotional bewegen.[40] Aus Sicht des vortragenden Dichters verhält es sich also so, dass er das Medium Minnesang als konkrete gesungene Darbietung der Beziehung von Mann und Frau zur Vermittlung seiner Didaxe instrumentalisiert. Morungen musste also, um eine konkrete

---

37 Ebd. S. 175 f.
38 Backes: Tagelieder, S. 241.
39 Kasten: Lyrik, S. 799 f.
40 Köhler: Wechsel, S. 178.

Identifikation des Publikums mit den Rollen des Liedpersonals zu ermöglichen, das Rollenspiel als fiktional, aber dennoch in der Realität denkbar, darstellen.[41] Bei der Umschreibung des ästhetischen Spezifikums der Lieder, welche unter dem Namen Heinrichs von Morungen überliefert wurden, kommt an einer Formel nicht vorbei: Es ist offenbar eine „Poetik des *schouwens"*, welche dem Minnesang Morungens eine besonderes qualitative und intensive Wirkung verleiht. Die Texte Morungens zielen auf eine besondere, sinnliche Bildwirkung, die zur Konsequenz haben, dass die widersprüchlich-notwendigen Korrelationen von Wort und Bild gerade die terminologisch schwer fassbare Präsenz- oder Gegenwärtigkeitseffekte veranschaulichen. Mit dem Anbruch des Tages droht die Trennung der Liebenden und das Ende der Liebesnacht, von der die Liebenden selbst aber wünschen, dass sie kein Ende hat. Bleumer sieht in der axiologisch besetzten narrativen Dreiteilung aus Anfang, Mitte und Schluss einen Gewinn eines Zeitmaßes, welches sich allerdings durch die Vorstellung der Liebenden im ewigen Beisammensein auf erweiterte Vorstellungsebenen öffnet. Im behandelten Lied ist diese Verstetigung in das Lied selbst verlegt worden zu sein. Der Liebende geht im ersehen des leuchtend weißen Körpers der Geliebten ganz in der Anschauung auf (Str. 4). Dadurch verwirrt sich die Zeitwahrnehmung. Er hält das Licht, das von der Geliebten ausgeht, für das Licht des Mondes und bemerkt so das Licht des anbrechenden Tages nicht. Diese überzeitliche lichtvolle Gegenwart der Geliebten, die sich von der Nacht in den Tag hinüberzieht, beruht jedoch wiederum auf einem Sichtbarkeitsparadox. Denn auch das, was in der Anschauung geliebt wird, ist bei Morungen eigentlich unsichtbar. Die Geliebte versteht letztlich nicht, dass ihre Erscheinung Teil einer Metapher ist. Durch ihre eigene, für sie selbst nicht sichtbare Lichtwirkung ist die Frau jener Tag, dessen Anbruch im Grundschema des *Tageliedes* noch das Ende der Gemeinsamkeit mit sich brachte, nur dass ihr Licht jetzt die Überwindung des narrativen Endes im Lied bedeutet. Diese Überwindung des narrativen Endes ist den dialogischen Möglichkeiten des *Wechsels* geschuldet. Der Wechsel verlegt die Situation des *Tageliedes* in den Bereich der Imagination. Die von Morungen geschaffene Sonderform entfaltet so ihre Situation nicht durch direkte Tätigkeiten, sondern sie gibt sie als Erinnerungsprozesse aus den unterschiedlichen Perspektiven von Mann und Frau wieder. Im Dialog der Erinnerung stellt sich die Frau als ein imaginäres Produkt des Mannes heraus. Denn der Liebende hat eine Erinnerung an Handlungen seiner Geliebte, wie sie eigentlich nur der Träumende haben kann: Er erinnert sich an ihre Tränen und Küsse, mit denen sie ihn bedachtem während er schlief (Str. 3). Die Zeit der prozessierten Erinnerung an die *Tagelied*-Situation hebt die narrative Zeitlichkeit des *Tageliedes* auf: Die Handlung des anbrechenden Morgens wird zwar im Präteritum geschildert, so dass die Liebenden von ihrem Sprechzeitpunkt her als getrennt zu denken sind. Dazu passt der Klageton, der jede Strophe eröffnet, da der Schmerz über die Abwesenheit des anderen ausdrückt. Aber ebenso wie die Frau als Imagination des Mannes von ihm letztlich nicht zu trennen, sondern ihm gegenwärtig ist, so finden Mann und Frau

---

41 Heller: Minnesangkonzept, S. 14.

auch jeweils am Strophenende, in der abwechselnd gesungenen, refrainartigen Schlusszeile klanglich zusammen, weil die Stimme des Mannes als Echo der Frau, und die der Frau als Echo des Mannes erscheint. Die lichtvoll imaginierte Vergangenheit hatte so bereits visuelle Vergegenwärtigungseffekte, die im Klang des Liedes noch einmal erscheinen.[42] Das Bild braucht das hörbare Wort, um im Sang zu erscheinen, aber genau dieses Bild ist dann wiederum die Voraussetzung für die besondere Wirkung des Wortklanges, der den Rezipienten über die stimmliche Vermittlung ästhetisch berührt.[43]

4. Sine klâwen durch die wolken sint geslagen

4.1. Autor und Überlieferung

Wolfram von Eschenbach gehört zu den bedeutendsten Autoren der deutschen Literatur des Mittelalters. Seinen Ruhm verdankt er nicht nur seinen Liedern, sondern auch und mehr noch seinem Wirken als Erzähler, vor allem als Verfasser des *Parzival* (nach dem *Perceval* von Chrétien de Troyes), aber auch als Bearbeiter einer französischen Dichtung aus der Tradition der *chanson de geste* (*Willehalm*) und eines Fragments, das von der Vorgeschichte der Gralsfamilie berichtet, der *Parzival* entstammt (*Titurel*). Die Zeit, in der Wolfram literarisch gewirkt hat, lässt sich annähernd bestimmen (um 1200-1220).[44] Wie die meisten Dichter seiner Zeit wird Wolfram in keiner Urkunde genannt. Was die heutige Forschung über sein Leben zu wissen meint, ist aus Hinweisen in seinen Dichtungen und aus Äußerungen zeitgenössischer und späterer Autoren erschlossen. Persönliche und geographische Anspielungen legen nahe, daß mit Eschenbach das heutigen Wolframs-Eschenbach in Mittelfranken gemeint ist.[45] Eine Adelsfamilie mit dem Namen von Eschenbach ist allerdings erst seit 1268 bezeugt.[46] Welchem gesellschaftlichen Stand Wolfram von Geburt angehörte, ist unbekannt. Unbestreitbar ist jedenfalls, dass Wolfram über umfassende und detaillierte Kenntnisse aus der lateinischen Bildungstradition verfügte. Sein literarisches Schaffen ist durchsetzt mit sachkundig behandeltem Wissensstoff aus allen Bereichen (Naturkunde, Geographie, Medizin, Astronomie), was er zusätzlich mit theologischen Reflexionen und ausgedehnter Kenntnis der französischen Literatur eindrucksvoll in seinen Werken demonstriert. Bezüglich der Lyrik Wolframs, hat die gegenwärtige Forschung Kenntnis über 3 Tage- und 4 Werbungslieder aus den Liederhandschriften A, B und C. Hinzu kommen 2 *Tagelieder* in der *Parzival*-Handschrift G aus der 1. Hälfte des 13. Jahrhundert. Sicher ist man sich, dass er seine Werke als Berufsdichter im Auftrag mächtiger Gönner verfasste. Über die näheren Lebensumstände

---

42 Bleumer: Echo, S. 331- 335.
43 Ebd., S. 343 ff.
44 Kasten: Lyrik, S. 1050 f.
45 Heinzle, Joachim: Art. Wolfram, von Eschenbach, 12th cent., in: Lexikon des Mittelalters 9 (1998), Sp. 312- 313.
   (Im Folgenden zitiert als: Heinzle: Wolfram)
46 Kasten: Lyrik, S. 1050 f.

Wolframs ist allerdings typischerweise wenig bekannt. Während für andere Minnesänger der Zeit das *Werbelied* im Stil der *Hohen Minne* im Mittelpunkt der Kunst steht, zeigt Wolfram also eine auffallende Vorliebe für die Gattung des *Tageliedes*. Ihr gehört die Mehrzahl der ihm zugeschriebenen Lieder an.[47] Nach Helmut de Boor ist das *Tagelied* nach Wolfram als besondere Möglichkeit anzusehen, sein episches Kunsthandwerk auf die lyrischer Form zu übertragen. Er bezeichnet ihn daher auch als eigentlicher Schöpfer des *Tageliedes*.[48] Literaturhistorisch ordnet man sein literarisches Schaffen nach Schweikle neben Walther von der Vogelweide (und eventuell Gottfried von Straßburg) der vierten Phase des Minnesangs (1190-1230) zu, bei dem eine souveräne Beherrschung der poetischen Mittel und Formen, die Vollendung bestehender Untergattungen (bspw. die Vollendung des Hohen Minnesangs bei Walther), aber auch Überwindung gewisser Gesellschaftsnormen durch kritische Reflexion in Form von Entwürfen von neuen Konzeptionen (wie Wolframs *Tagelied* mit der Lösung vom traditionellen Formschema im ehelichen *Tagelied*) als gemeinsame Merkmale auszumachen sind.[49]

4.2. Formal-Analyse

Wapnewski stellt im Hinblick auf die Überlieferung fest, dass Wolfram in seinen Liedern einen sehr freien Auftakt nutzt. Das die Forschung sich dabei uneinig über unterschiedliche Lesearten und Aufbau des Liedes ist, ergibt sich dadurch notwendigerweise.[50] Kasten konstatiert bspw., dass der stollige Aufbau der Strophe zwar deutlich erkennbar ist (Grundschema 2a- 4b c, 2a- 4b c, 4d e d 6e; im letzten Vers von Strophe 4 und 5 sind sieht sie allerdings nur fünf Hebungen sprachlich verwirklicht (d.h. sie enden mit 5e)), dennoch ist (wegen der Aufteilung des Abgesangs in zwei fast identische Teile) auch ein zweiteiliger Strophenbau angesetzt worden (AABB).[51] Wolfram variiert die Konstituenten des *Tageliedes* in dem behandelten Lied einer ganz besonderen Weise: Das Lied besteht aus fünf Strophen. In den ersten vier Strophen sprechend abwechselnd der Wächter (Str. 1 und 3) und die Dame (Str. 2 und 4), ohne dass es dabei zu einem Dialog kommt. Die abschließende Strophe 5 hat demgegenüber erzählenden Charakter. Die Strophenform weist den für den deutschen Minnesang charakteristischen stolligen Bau auf; auf zwei dreizeilige Stollen mit dem Reimschema abc/abc im Aufgesang folgt ein vierzeiliger Abgesang mit dem Reimschema dede. Die inhaltliche uns syntaktische Gliederung der einzelnen Strophen korrespondiert mit dieser Bauform wie die folgende Analyse zeigen wird.[52]

47 Heinzle: Wolfram, Sp. 312- 313.
48 Behr, Hans-Joachim: Die Inflation einer Gattung: Das Tagelied nach Wolfram, in: Cyril Edwards (Hg.): Lied im deutschen Mittelalter, Tübingen 1996, S. 195- 202 (Im Folgenden zitiert als: Behr: Tagelied nach Wolfram).
49 Schweikle: Minnesang, S. 87 f.
50 Wapnewski, Peter: Die Lyrik Wolframs von Eschenbach. Edition, Kommentar, Interpretation, München 1972, S. 96 f. (Im folgenden zitiert als: Wapnewski: Die Lyrik Wolframs).
51 Kasten: Lyrik, S. 1056 f.
52 Kühnel, Jürgen: Das Tagelied, Wolfram von Eschenbach: sîne klâwen, in: Helmut Tervooren: Gedichte und Interpretationen. Mittelalter, Stuttgart 1993. S. 144- 166, S. 150 (Im Folgenden zitiert als: Kühnel: sîne klâwen).

4.3. Inhalts-Analyse

Das eindrucksvolle Bild des klauenbewehrten Tageddämons hat dieses Gedicht zum zweifellos berühmtesten *Tagelied* Wolframs gemacht. Der Tagesanbruch ist breit ausgestaltet, wobei das Wort *tac* selbst in kunstvoller Verzögerung erst im sechsten Vers erscheint. Anders als in Lied 1 setzt Wolfram hier jedoch nicht mit einer epischen Schilderung ein. Strophe 1- 4 sind vielmehr eine leidenschaftliche Wechselrede zwischen Dame und Wächter, der nicht länger nur der unbeteiligte Künder des Tages ist, sondern in einem festen Dienst-Lohn-Verhältnis zu seiner Herrin steht und als Verbündeter des Liebespaares agiert. Das auf der Burg nur die Liebenden seinen komplizenhaften Wächtergesang vernehmen, macht die extreme Künstlichkeit der Handlung dieses Liedes deutlich. In der rein erzählenden Schlusstrophe mündet auch dieses Gedicht in der letzten Vereinigung der Liebenden, deren Intensität angesichts des nahen Abschieds noch einmal gesteigert ist.[53] Zeitlich angesiedelt ist Wolframs Lied - in Kongruenz mit dem Typus - an der Grenze zwischen Nacht und Tag. Der Tagesanbruch als konstitutives Handlungselement wird über weite Strecken zum eigentlichen Thema des Liedes. Wolfram diskutiert dabei - entsprechend seinem Umgang mit den *Tagelied*-Rollen - Funktion und bedeutung der temporalen Konstituenten des *Tagelied*-Typus und die konstitutiven Handlungselemente des Tagesanbruchs unter unterschiedlichen Aspekten und Perspektiven, wobei letztere wiederum die der Dame und die des Wächters sind. In Strophe 1 zeigt sich die Perspektive des Wächters, der den nahenden Tagesanbruch feststellt. Die Strophe beginnt mit einer unglaublich bildträchtigen Metapher, in der der Tagesanbruch als ein undefiniertes Tier seine Klauen durch die Wolken schlägt: „Sîne klâwen; durch die wolken sint geslagen,; er stîget ûf; mit grôzer kraft,; ich sich in grâwen; tegelîch, als er wil tagen" (Str. 1, V. 1-5). Die Forschungsliteratur hat nach Vorbildern und Parallelen für die Personifizierung des Tages in Gestalt des klauenbewehrten Ungeheuers gesucht, was die enorme Popularität jenes Bildes unterstreicht. Wapnewski weist darauf hin, dass die metaphorische Bestimmung dieses Untiers entscheidend ist, nicht aber seine zoologische. Demnach sei der Tag als nachtfeindliches, also liebesfeindliches Prinzip den Figuralen Protagonisten verfeindet, wie es schon in Wolframs Liedern *Den morgenblic* und *Der helden minne* der Fall sei. Die visuelle Produktivität Wolframs hat sich ihr eigenes Untier erschaffen, die wolkenzerreißende Klaue zeigt den Tag-Dämon. Das kühne Bild wird man als Wolframs Erfindung buchen, sofern nicht wider Erwarten ein exaktes Muster aufgefunden wird.[54] Die bedrohliche Situation wird dabei inhaltlich zunächst nicht konkretisiert. Das Bild vom Tagesanbruch füllt den ersten Stollen der Strophe, während die ersten zwei Verse des zweiten Stollens den Gedanken des Tagesanbruchs konkreter zusammenfasst. Erst im sechsten Vers wird *den tac* (Str. 1, V. 6) selbst als Wort genannt. Kühnel sieht darin eine kunstvolle Verzögerung in Form einer *epilepsis,* welche seiner Ansicht nach nicht nur für zusätzliche Spannung sorgt, sondern

---

53 Backes: Tagelieder, S. 245.
54 Wapnewski: Die Lyrik Wolframs, S. 103 f.

gleichsam mit dem Heraufziehen des Tages Stellung als bedrohliche, aber auch gesetzmäßige und schicksalhafte Wendung sprachliche Gestalt annimmt.[55] Daran schließt dann auch die inhaltliche Folge an. Der heraufziehende Tag will den Ritter seiner Geliebten berauben: *„den tac, der im geselleschaft; erwenden wil, dem werden man,"* (Str. 1, V. 6 f.). Das Heraufziehen des Tages ist bedrohlich für den Ritter jedoch nicht nur, weil damit notwendigerweise seine Zweisamkeit mit der Geliebten enden muss. Aus dem Relativsatz *„den ich mit sorgen în [] verliez."* (Str. 1, V. 8) geht hervor, dass er dem Ritter zuvor Einlass bei seiner Geliebten verschafft hat und er sich nun um die drohenden Gefahren sorgt. Er sieht sich einem vasalitischem Verhältnis gemäß als Verantwortlicher für die Sicherheit des Ritters: *„ich bringe in hinnen, ob ich kan.; sîn vil mánigiu tugent mich daz leisten hiez."* (Str. 1, V. 9 f.). Für sich betrachtet kann die erste Strophe des Liedes als Monolog des Wächters verstanden werden, bei dem er das Heraufziehen des Tages konstatiert und die Bedeutung dieser Ereignisse reflektiert. Für die Dame, die in Strophe 2 spricht, hat die erste Wächter-Strophe dagegen die Funktion des Weckrufs: *„Wahtaer, du singest,"* (Str. 2, V. 1). Das Signal des Wächters löst bei der Dame die Notwendigkeit zur Klage und Äußerung ihrer emotionalen Wirklichkeit aus: *„daz mir manige freude nimt; und mêret mîne klage.; maer du bringest,; der mich leider niht gezimt,; immer morgens gegen dem tage."* (Str. 2, V. 2-6). Während der Abgesang in der ersten Strophe die Konsequenz der Verpflichtung des Wächters darstellt, zeigt er in der zweiten Strophe die weibliche Konsequenz: Sie fordert den Wächter auf zu schweigen, da ihr Geliebter bleiben soll: *„diu solt du mir verswîgen gar.; daz gebiut ich den triuwen dîn.; des lôn ich dir, als ich getar,; sô belîbet híe dér geselle mîn."* (Str. 2, V. 7-10). Kühnel interpretiert diese Uneinsichtigkeit der Dame als Ablehnung der zeitlichen Gesetze, welches jeden Tag von neuem den Schmerz der Trennung für sie bringt. Sie will demnach an der Zeit festhalten um dadurch den Zeitraum, den sie mit ihrem Geliebten teilt, zu verlängern.[56] Die dritte Strophe bringt also wieder einen Perspektivwechsel zum Wächter mit sich, der die Sicht auf die Zeit nicht teilt. Er weist darauf hin, dass der Ritter zeitig aufbrechen muss und appelliert an die Dame, die sich von ihm trennen muss: *„Er muoz et hinnen; balde und ân sûmen sich.; nu gip im urloup, süezez wîp."* (Str. 3, V. 1 ff.). Der Wächter weist darauf hin, dass der Ritter sich auf seine *triuwe* (Str. 3, V. 7) in dem Sinne verlassen hat, als dass er sicher aus dieser Situation, d.h. wieder zurück in die gesellschaftliche Norm, integriert werden kann und appelliert angesichts des Tagesanbruchs an die Frau, die Gesetze der *minne* nicht über *êre* und *lîp* des Ritters zu stellen (Str. 3, V. 6):

> *„lâze in minnen*
> *her nâch sô verholn dich,*
> *daz er behalte êre unde den lîp.*
> *er gap sich mîner triuwe alsô,*

---

55 Kühnel: sîne klâwen, S. 155.
56 Ebd., S. 157.

daz ich in braehte ouch wider dan.

ez ist nu tac. naht was ez, dô

mit drúcken an [] brúst dîn kus mir in an gewan." (Str. 3, V. 4-10)

In der vierten Strophe behauptet die Dame nochmals ihren Standpunkt. Der Wächter mag singen was er wolle, sie ist nicht bereit den Geliebten, aus dessen Zuneigung sie ihre eigene Identität gewinnt, gehen zu lassen: *„Swaz dir gewalle, wahtaer,: sinc und lâ den hie,; der minne brâht und minne enpfienc."* (Str. 4, V. 1 ff.). Mit dem zweiten Stollen wird der Gedankengang - wie schon in der ersten und zweiten Strophe - vom individuellen Geschehen des Morgens auf allgemeine Aspekte gelenkt.[57] Die Dame illustriert anhand eines bildträchtigen Hinweises auf den repetitiven Vorgang des Weckrufs und ihre Uneinsichtigkeit der drohenden Trennungssituation verdeutlicht sie vor allem im Hinblick auf zeitliche Hintergründe:

> *„von dînem schalle*
>
> *ist er und ich erschrocken ie,*
>
> *sô nínder der mórgenstern ûf gienc*
>
> *ûf in, der her nâch minne ist komen,*
>
> *noch ninder lûhte tages lieht.*
>
> *du hâst in dicke mir benomen*
>
> *von blanken armen und ûz herzen niht."* (Str. 4, V. 4-10)

Was in der fünften Strophe folgt, ist eine knappe Erzählung, in der chronologisch die Ereignisse referiert werden, die durch den Tagesanbruch, der jetzt nicht mehr diskutiert wird, sondern faktisch vorhanden ist, erfolgen. Es wird beschrieben, wie die Sonnenstrahlen in den Innenraum der Liebenden eindringt: *„Von den blicken,; die der tac tet durch diu glas,* (Str. 5, V. 1 f.)". Der Wächter singt sein Warnlied und sie schreckt anschließend auf, weil sie die Sorge um ihren Geliebten einholt: *„und dô wahtaere warnen sanc,; si muose erschricken; durch den, der dâ bî ir was."* (Str. 5, V. 3 ff.). Darauf folgt dann die Annäherung der Dame an ihren Geliebten: *„ir brüstlîn an brust si dwanc."* (Str. 5, V. 6). Dieser wird daraufhin an jener entscheidenden Stelle des Liedes das einzige mal im gesamten Lied aktiv: *„der rîter ellens niht vergaz;"* (Str. 5, V. 7). Der Einspruch des Wächters ändert nicht an der Tatsache, dass die Liebenden sich so ein letztes mal im unausweichlichen Augenblick des Abschieds einander hingeben: "des wold in wenden wahtaers dôn.; urloup nâh und nâher baz; mit kusse und anders gap in minne lôn." (Str. 5, V. 8 ff.). Sein unverwechselbares Gepräge erhält dieses *Tagelied* insgesamt durch das ausdrucksstarke Bild vom aufgehenden Tag, der wie ein Raubtier seine Pranken in die Wolken schlägt und damit die Wolken

---

57 Kühnel: sîne klâwen, S. 157 ff.

der Nacht durchbricht. Dem dramatischen Charakter dieses Bildes entspricht auf anderer Ebene die Form des Dialoges. Dabei stellt das Gespräch zwischen einem Wächter und einer Frau, die den Geliebten nicht fortlassen möchte, in der Unwahrscheinlichkeit des situativen Entwurfs die Fiktionalität seiner selbst in besonderer Art und Weise aus. Der Wächter tritt in der Rolle als ein Vertrauter auf, der dem Partner der Frau Schutz und Sicherheit versprochen hat. Er ist der Vertreter der Vernunft, der zum Aufbruch und damit zur Trennung aufruft. Die Frau hingegen repräsentiert das Recht der Liebe, den Wunsch nach Bleiben, nach Dauer; sie will die Stimme der Vernunft zum Schweigen bringen. Wächter und Frau kämpfen um den Mann, der so zum eigentlichen Bezugspunkt des Dialoges wird, obwohl er wie bspw. in *Den morgenblic bî wahtaeres sange erkôs* eher als Akteur im Hintergrund verbleibt. Den Sieg trägt, wie es scheint, die Liebe davon. Ein Bild vom Einswerden des Paares im Augenblick der Trennung, die für Wolfram charakteristische Signatur des *Tageliedes*, schließt das Lied ab.[58]

4.4. Interpretation

Schon die Disposition der fünf Strophen macht für Kühnel deutlich, dass Wolfram in diesem Lied die drei *Tagelied*-Rollen atypisch behandelt. Der Ritter erscheint in vier der fünf Strophen nur in der Perspektive des Wächters und der Dame. Wächter sehen ihn dabei in unterschiedlicher Weise. Während die Sicht des Wächters auf den Ritter von gesellschaftlichen Normen bestimmt ist, während die Dame den Ritter nur unter dem Aspekt der *minne* betrachtet. Für ihn ist er nicht der *werde man* (Str. 1, V. 7), sondern der *geselle* (Str. 2, V. 10), *der her nâch minne ist komen* (Str. 4, V. 7), der *minne brâht und minne enpfienc* (Str 4, V. 3)[59] Auch Cormeau weist darauf hin, dass die von Wolfram entworfene höfische *Taglied*-liebe die innovierende Trennung von Sprechebenen nötig macht, um eine Diskretions- oder Reizschwelle nicht zu überschreiten. Die Liebespartner sind ja im gleichen gesellschaftlichen Umkreis zu denken. Folge dieser Trennung ist ein Verlust an lyrischer Unmittelbarkeit, da kein betroffenes, sondern nur ein erzähltes Ich vor dem Publikum spricht. Diese Distanz wird jedoch durch die Figur des Wächters zum Teil überbrückt. Er übernimmt auf einer immanenten Ebene den Part des im Einverständnis beteiligten Mitwissers und sichert damit intensiver als der vermittelnde Erzähler und ihn oft nahezu völlig ersetzend die Verbindung zur externen Sprechsituation. Die Erzählerrolle steht in enger Wechselbeziehung mit der Wächterrolle. Vieles, selbst das Szenario, die bildliche Umschreibung des Tagesanbruchs ist in die Personenrede des Wächters integriert. Deshalb ist der Anteil des Erzählers minimal, auf das nötigste beschränkt.[60] Wapnewski bezeichnet den Wächter und den Tagesanbruch als Antagonisten der Liebenden. Hinter diesen beiden Antagonisten treten die Rollen der beiden Protagonisten, allerdings nicht ihre

58 Kasten: Lyrik, S. 1050 f.
59 Kühnel: sîne klâwen. S. 150 f.
60 Cormeau: Stellung des Tagelieds, S. 702.

Funktionen, in den Hintergrund: Tag und Mann bewirken die Konfrontation, während Wächter und Herrin die Schärfe des Dialogs bewirken. Freilich erzeugt dieser Kunstgriff des Dichters sogleich eine Ahnung von dem Besonderen, das da aufkommt. Dann freilich tritt sie über in ihre eigentliche Realitätssphäre, die der Imagination, der Gewissheit des Gefühls. Es komme ihre Stimme aus der Verschwommenheit des Traumes, sagt Wolfgang Mohr. Wapnewski stimmt dem insofern zu, als das unter dem Stoff der Träume die feste Materie einer idealen Wirklichkeit verstanden wird. In diesem Sinne ist die Stimme des Wächters ein Aufruf zur Wachheit, die aus der Scheinwelt der materiellen Wirklichkeit herüberführt. Nur Vorläufiges verkündet und bewirkt er - die Wahrheit aber ist in der Frau und dem Absolutheitsanspruch der Liebe. Zum Ende aber verbinden sich, vom Dichter höchst eindrucksvoll zusammengeführt, die eine Wirklichkeitswelt und die andere, die der Liebe als Idee (mit dem Ewigkeitspostulat) und die der Liebe als physischer Verdinglichung (mit ihrer Endlichkeit), in der Lust ihrer sich aneinander pressender Körper.[61] Kühnel fasst das Lied insgesamt als lyrische Innovation auf. Seiner Ansicht nach greift Wolfram in dem Lied personale und temporalen Konstituenten des *Tagelied*-Typus auf und rückt die zeitliche Thematik in neue Perspektiven: Er gewinnt ihr immer neue Aspekte ab, da er den Tagesanbruch als einmaliges Ereignis und als Ereignis in dem das Gesetz der Zeit sichtbar wird darstellt: Die Unaufhaltsamkeit der Zeit und der Wunsch, das Gesetz der Zeit aufzuheben, die Zeit also stillstehen zu lassen durchziehen das Lied wie ein roter Faden. Zusätzlich unterstreichen bildträchtige Metaphern wie das bedrohlich wirkende Klauen-Wesen als Symbol für den Tagesanbruch, oder das Bild des Morgensterns, welches über den Geliebten aufsteigt und in die Verborgenheit der Liebesnacht das Licht des Tagesanbruchs eindringen lässt, den Fokus auf temporale Gegebenheiten. Der Tag als Symbol für die Öffentlichkeit des Hofes, in der die entsprechenden Normen gelten, wird der Verborgenheit der nächtlichen *minne* gegenüber gestellt.[62]

5. Fazit

Wie die in dieser Hausarbeit erfolgte Analyse aufzeigt, sind die analysierten *Tagelieder* Wolframs von Eschenbach (*Sine klâwen durch die wolken sint geslagen*) und Heinrichs von Morungen (*Owê, sol aber mir iemer mê*) nicht gerade als klassische, nach einem einheitlichen, konkreten Muster aufgebaute *Tagelieder* zu deuten. Heinrich von Morungen, der seine *Tagelied*-Situation durch die Form eines Wechsels perspektiviert, rückt in einer für das *Tagelied* ungewohnten Weise die Distanz zwischen den Liebenden in den Vordergrund. Sie wird sie zur Voraussetzung für die Artikulation von Nähe und Intimität. Damit schließt Morungen die Gattung des *Tageliedes* in gewisser Hinsicht an den Diskurs über die *Hohe Minne* an. Wolfram von Eschenbach, der sich inhaltlich auf zwei zentrale Bedeutungsebenen konzentriert, gelingt mindestens mit der Figur des Wächters ebenfalls

---

61 Wapnewski: Die Lyrik Wolframs, S. 108 f.
62 Kühnel: sîne klâwen, S. 161.

eine lyrische Innovation. Sein inhaltliches Spektrum konzentriert sich zum einen auf den Abschied zweier Liebender nach einer gemeinsamen Nacht, in der das gemeinsame Glück unwiderruflich in die Leidthematik mündet. Andererseits werden hier gesellschaftliche Wertvorstellungen des Hofes in Bildern verpackt angedeutet und in Form von Wächter und Tag personifiziert. Der wesentliche Unterschied der beiden Tagelieder korreliert mit dem Begriff der Gattung: Morungen greift zwar bewusst die Motive des *Tageliedes* auf, er stellt sie jedoch in den Kontext der Gattung des *Wechsels*. Die Aufhebung der zeitlichen Relationen durch die statistische Monologform und die von den Rollensprechern jeweils nachträglich in der Einsamkeit geäußerte Liebe zielt auf eine besondere Hervorhebung der affektiven Textfunktion: Das Lied will das Publikum stark emotional bewegen. Bei Wolfram geschieht dies einerseits durch den strukturellen Aufbau: Die innere Geschlossenheit der Strophen unterstützen die dialogische Form des Liedes. Dem Publikum wird mittels zweier Bedeutungsebenen zum einen eine Abschiedsszene eines Liebespaares und zum anderen eine Diskussion über das höfische Wertesystem dargeboten. Gemeinsam haben beide Lieder vor allem die eindrucksvollen und bildträchtigen sprachlichen Mittel. Kühnel weist auf die Möglichkeit hin, dass das von der Dame dargestellte Bild des Wächters, der den Ritter immer wieder aus den *blanken armen* (Str. 4, V. 10) der Dame entrissen hat, ein intertextueller Bezugspunkt zu Heinrichs von Morungen *Owê, sol aber mir iemer mê* darstellen könnte. Wie in der dazu erfolgten Analyse bereits festgestellt, sind die im Mondlicht weiß schimmernden Arme der Dame als Inbegriff ihrer Schönheit dargestellt.[63] Auch wenn er diesen Gedanken nicht weiter ausführt und selbst wenn dieses theoretische Argument möglicherweise nie beweisbar wird, verdeutlicht diese Parallele der Bildhaftigkeit in den Formulierungen beider Dichter die enorme Qualität der genutzten sprachlichen Mittel beider Autoren. Nach unterschiedlichen Ideologien und Handhabungen verfassten also beide Autoren jeweils ein einzigartiges *Tagelied*, welches in der Forschungsliteratur bis heute zurecht eine hohe Wertschätzung genießt.

---

63 Ebd., S. 159.

Primär-Literaturverzeichnis

- Moser, Hugo; Tervooren, Helmut: Des Minnesangs Frühling Bd. 1. Texte[38] erneut rev. Auflage, Stuttgart 1988.

Sekundär-Literaturverzeichnis

- Backes, Martina (Hg.): Tagelieder des deutschen Mittelalters: Mittelhochdeutsch, Neuhochdeutsch (Reclams Universal-Bibliothek / 8831), Stuttgart 1992.

- Behr, Hans-Joachim: Die Inflation einer Gattung: Das Tagelied nach Wolfram, in: Cyril Edwards (Hg.): Lied im deutschen Mittelalter, Tübingen 1996, S. 195- 202.

- Bein, Thomas: Germanistische Mediävistik. Eine Einführung[2] (Grundlagen der Germanistik / 35), Berlin 2005.

- Bleumer, Hartmut: Das Echo des Bildes. Narration und poetische Emergenz bei Heinrich von Morungen, in: ZfdPh 129 (2010), S. 321- 345.

- Bumke, Joachim: Höfische Kultur. Literatur und Gesellschaft im hohen Mittelalter, München[11] 2005.

- Cormeau, Christoph. Zur Stellung des Tagelieds im Minnesang, in: Johannes Janota (Hg.): Festschrift Walter Haug/ Burghart Wachinger 2, Tübingen 1992, S. 695- 708.

- Ehlert, Trude: Das klassische Minnelied: Heinrich von Morungen: *vil süeziu senftiu tæterinne*, in: Helmut Tervooren: Gedichte und Interpretationen. Mittelalter, Stuttgart 1993. S. 43- 55.

- Hausmann, Albrecht: Verlust und Wiedergewinnung der Dame. Zur inhaltlichen Funktion von Narrativierung und Entnarrativierung im Minnesang, in: Hartmut Bleumer; Caroline Emmelius (Hgg.): Lyrische Narration. Gattungsinterferenzen in der mittelalterlichen Literatur, Berlin/ New York 2011, S. 157- 180.

- Heinzle, Joachim: Art. Wolfram, von Eschenbach, 12th cent., in: Lexikon des Mittelalters 9 (1998), Sp. 312- 313.

- Heller, Christian: *Vil süeziu senftiu toeterinne*. Zum Minne- und Minnesangkonzept Heinrichs von Morungen (Regensburger Skripten zur Literaturwissenschaft ; 9), Regensburg 1998.

- Huber, Christoph: Normproblematik im frühen Minnesang bis Heinrich von Morungen, in: Elke Brüggen (Hg.) (u.a.): Text und Normativität im deutschen Mittelalter. XX. Anglo-German Colloquium, Berlin (u.a.) 2012, S. 371- 384.

- Kasten, Ingrid; Kuhn, Margherita (Hgg.): Deutsche Lyrik des frühen und hohen Mittelalters: Text und Kommentar (Deutscher Klassiker-Verlag im Taschenbuch / 6), Frankfurt am Main 2005.

- Köhler, Jens: Der Wechsel. Textstruktur und Funktion einer mittelhochdeutschen Liedgattung, Heidelberg 1997.

- Kühnel, Jürgen: Das Tagelied, Wolfram von Eschenbach: sîne klâwen, in: Helmut Tervooren: Gedichte und Interpretationen. Mittelalter, Stuttgart 1993. S. 144- 166.

- Mertens, Volker: Art. Minnesang (English title: Minnesang), in: Lexikon des Mittelalters 6 (1993), Sp. 647- 651.

- Peters, Ursula: Minnesang als „poésie formelle". Zur Adaptation eines literaturwissenschaftlichen Paradigmas, in: Susanne Bürkle: Von der Sozialgeschichte zur Kulturwissenschaft. Aufsätze 1973- 2000. Tübingen/ Basel (u.a.) 2004, S. 59- 74.

- Philipowski, Katharina: Zeit und Erzählung im Tagelied. Oder: Vom Unvermögen des Präsenz, Präsenz herzustellen, in: Hartmut Bleumer; Caroline Emmelius (Hgg.): Lyrische Narration. Gattungsinterferenzen in der mittelalterlichen Literatur, Berlin/ New York 2011, S. 181- 213.

- Ranawake, Silvia: Art. Tagelied, in: Reallexikon der deutschen Literaturgeschichte[3] Bd. 3, Berlin/ New York 2003, S. 577- 580.

- Schiewer, Hans-Jochen: Art. Tagelied, in: Lexikon des Mittelalters 8 (1997), Sp. 427- 428.

- Schnell, Rüdiger: Frauenlied, Manneslied und Wechsel im deutschen Minnesang. Überlegungen zu "Gender" und Gattung, in: Zeitschrift für deutsches Altertum und deutsche Literatur 128 (1999), S. 152 f.

- Schweikle, Günther: Minnesang (Sammlung Mezler / 244), Stuttgart^2 (u.a.) 1995.

- Schulze, Ursula: Art. Heinrich, von Morungen, 13th cent., in: Lexikon des Mittelalters 4 (1989), Sp. 2101- 2102.

- Tervooren, Helmut (Bearb.): Heinrich von Morungen. Lieder. Mittelhochdeutsch und neuhochdeutsch, Stuttgart 1992.

- Wapnewski, Peter: Die Lyrik Wolframs von Eschenbach. Edition, Kommentar, Interpretation, München 1972.

- Warning, Rainer: Lyrisches Ich und Öffentlichkeit bei den Trobadors, in: Cormeau, Christoph (Hg.): Deutsche Literatur im Mittelalter: Kontakte und Perspektiven. Hugo Kuhn zum Gedenken, Stuttgart 1979, S. 120- 159.